Daniel Jäger

Präsentation und Referate bewerten

GRIN Verlag

Bibliografische Information der Deutschen Nationalbibliothek:

Die Deutsche Bibliothek verzeichnet diese Publikation in der Deutschen National-
bibliografie; detaillierte bibliografische Daten sind im Internet über http://dnb.d-
nb.de/ abrufbar.

Impressum:

Copyright © 2010 GRIN Verlag GmbH
Druck und Bindung: Books on Demand GmbH, Norderstedt Germany
ISBN: 978-3-656-35795-7

KONRAD-ZUSE-SCHULE

Studienseminar
für berufliche Schulen in Kassel
mit Außenstelle in Fulda

Präsentationen und Referate bewerten

Arbeitsportfolio
für das Pflichtmodul PbDFB II

Ausbildungsschule	Konrad-Zuse-Schule Hünfeld
Schulleiter	
Modulverantwortliche	
Mentoren	

Vorgelegt von

St.-Ref. Dipl.-Hdl. Daniel Jäger

Inhaltsverzeichnis

1. Kurzdarstellung des Portfolios anhand eines SMARTY

1. **S** = Spezifisch → Um was geht es genau?
2. **M** = Messbar → Welches Produkt soll erstellt werden?
3. **A**=Ausführbarkeit → Was unterstützt mich mein Ziel zu erreichen?
4. **T**=Termin → Wann ist meine Arbeit abgeschlossen?
5. **E**=Evaluation → Was ist gelungen? Was könnte ich anders machen?

1.1 Spezifisch, um was es mir genau geht.

Das Ziel meiner Arbeit ist eine transparente und faire Bewertung von Referaten und Präsentationen aller meiner Schüler.

1.2 Messbar, zeigt welches Produkt am Ende meiner Arbeit erstellt sein soll.

Am Ende der Arbeit wird ein Bewertungsbogen, welcher auch als *eine Art* Checkliste verstanden werden kann, erarbeitet sein, anhand dessen mein Ziel aus Punkt 1.1 erreicht werden kann.

1.3 Ausführbarkeit, zeigt wie und mit welchen Hilfsmitteln ich das Ziel erreichen kann.

Zunächst dienen die Literatur und das Internet als Informationsquelle. Anhand der dort gewonnenen Informationen, den eigenen Ideen und Hinweisen von Kolleginnen und Kollegen sowie Mentoren wird dann der gewünschte Bewertungsbogen erstellt.

1.4 Termin, stellt dar bis wann ich mein Arbeitsergebnis erstellt haben möchte.

Der Bewertungsbogen muss aufgrund der aktuellen Bewertungsbedarfsrelevanz zeitnah d.h. innerhalb eines Zeitraums von maximal einer Woche fertiggestellt sein.

1.5 Evaluation, diese zeigt auf was gelungen ist und wo noch Entwicklungspotentiale bestehen.

In Bezugnahme auf Punkt 2.6 halte ich fest, dass meinem erarbeiteten Bewertungsbogen eine Ankreuzübersicht hinzuzufügen ist, anhand derer ein Lernender sofort erkennt, wo er im jeweiligen Bewertungsbereich steht.

2. Einführung in das Arbeitsthema

Präsentationen und Referate sind Formen des öffentlichen Redens und Gestikulierens, welche ggf. vor einem ausgewählten Kreis von Zuhörern abgehalten werden.[1] Der Präsentationsgegenstand, welcher entweder ein von Schülern ausgearbeitetes Thema – aber auch in einem Vorstellungsgespräch die eigene Person selbst sein kann, muss den Zuhörern besonders interessant, nachhaltig und anschaulich verdeutlicht werden.

Sinn und Zweck von Referaten und Präsentationen in Schulen ist neben dem Erlernen der fachlichen Inhalte die Steigerung der Selbstkompetenz, Redekompetenz und des sicheren Auftretens. Welche Bedeutung derartige Fähigkeiten in einer heutigen Leistungsgesellschaft für (junge) Menschen haben, zeigen zahlreiche Artikel aus der aktuellen Presse.[2]

2.1 Vorbereitung der Lerngruppe auf Referate und Präsentationen

Für eine produktionsorientierte und kreative Leistung, worunter besonders Präsentationen zählen, kann grundsätzlich keine Musterlösung herangezogen werden. Dennoch darf es von Seiten der Schülerinnen und Schüler[3] oder Lehrkraft zu keinen willkürlichen Bewertungen der Präsentationsleistung[4] kommen. Um diesem Anspruch gerecht zu werden, sind in Zusammenarbeit mit den Lernenden transparente Kriterien zu vereinbaren, sodass jeder Präsentierende die Möglichkeit hat, eine bestmögliche Bewertung seiner Präsentationsleistung zu erhalten. Bei der Festlegung der Kriterien muss zunächst darüber Einigkeit bestehen, was gelernt und präsentiert werden soll.

Ist das Arbeitsthema sehr breit gefächert (z.B. Erläutern Sie den Begriff Globalisierung), können zusätzliche inhaltliche Stichpunkte angegeben werden, auf die der Präsentierende eingehen sollte. Es muss jedoch die Notwendigkeit dieser zusätzlichen Informationen für den Klassenverband bzw. Präsentierenden individuell abgeschätzt werden. So ist eine derartige Information in einer Berufsfachschule durchaus sinnvoll, in einer Fachoberschule nicht unbedingt notwendig, weil die Schüler in einer derartigen Schulform in der Lage sein sollten, zwischen wichtigen und unwichtigen Präsentationsinhalten differenzieren. Selbstverständlich sind individuelle Leistungsfähigkeiten der einzelnen Lernenden zu Berücksichtigen.

---

[1] Vgl. http://www.univie.ac.at/igl.geschichte/staudacher/materialien/Referate.htm (abgerufen: 25.09.2010); http://amor.rz.hu-berlin.de/~h0444upa/tutorium/Referate.htm (abgerufen: 25.09.2010).

[2] Vgl. z.B. http://www.merkur-online.de/lokales/nachrichten/selbstkompetenz-schueler-foerdern-143481.html (abgerufen: 25.09.2010).

[3] Im Folgenden die Schüler, beide Geschlechter sind jedoch darunter zu verstehen.

[4] Bewusst werden Schüler als Bewertenden beschrieben. Besonderes in Fachoberschulen und Berufsschulen kann eine Leistungsbewertung von kreativen Leistungen auch in Kooperation mit dem Klassenverband erfolgen.

Bereits in der Einleitung wurde verdeutlicht, dass nicht nur themenbezogene Aspekte in der Bewertung Berücksichtigung finden, sondern auch die Art und Weise der Präsentation. Hier gilt es den Schülern besonders mit Verweis auf Präsentationstechniken zu verdeutlichen, welche Kriterien in Bezugnahme auf Sprache, Gestik und Mimik eine gute Präsentation bzw. ein gutes Referat erfüllen muss.

In der vierten Fußnote wurde verdeutlicht, dass abhängig vom Klassenverband[5] auch Schüler in die Bewertungsarbeit mit einbezogen werden können. Sofern eine derartige Zusammenarbeit präferiert wird, sind Vorschläge bzgl. Bewertungskriterien[6] angemessen und reflektiert zu berücksichtigen. Im Falle der Zusammenarbeit, ist darauf zu achten, dass Spannungen im Klassenverband das Bewertungsergebnis nicht verfälschen.

Auch muss den bewertenden Schülern deren Verantwortung in Bezug auf die Bewertung der Mitschüler verdeutlicht werden. Außerdem sind Gewichtungsfaktoren, bzgl. Schüler- versus Lehrerbewertung, abzustimmen.[7]

2.2 Entwurf des Bewertungsbogens

Im Abschnitt 1 dieser Arbeit wurde dargestellt, dass keine willkürliche Bewertung von Referaten oder Präsentationen erfolgen darf. Um dieser wichtigen Anforderung gerecht zu werden, können Bewertungsbögen eingesetzt werden. Der Einsatz dieser Bögen gewährleistet, dass bei der Bewertung der Leistung vorher vereinbarte Kriterien eingehalten werden und besonders wichtige Merkmale der Präsentationstechniken Berücksichtigung finden[8].

Zur besseren Vorbereitung auf die Präsentationen kann den Lernenden der im Bewertungsprozess eingesetzte Bogen zur Vorbereitung bereitgestellt werden.[9]

Der von mir im Bewertungsprozess eingesetzte Bewertungsbogen ist der letzten Seite des Anhangs dieser Portfolioarbeit zu entnehmen.

Feedbackfunktion des Bewertungsbogens

Generell müssen Schüler begreifen, dass Leistungsbewertung kein gemeines Ritual der Lehrenden ist, sondern eine Chance bietet Lernerfolge aufzuzeigen.[10] Außerdem hat der Lernende bei entsprechender Vorgehensweise des Lehrenden die Möglichkeit ein gezieltes Feedback

---

[5]   Der Lehrende muss abschätzen können, ob die Lernenden in der Lage sind, eine derartige objektiv und fair Bewertungsarbeit zu vollziehen.

[6]   Vgl. dazu, dass sehr gute Buch der Präsentationstechniken Gora, S. *2010.*

[7]   Sollten gewisse Bewertungen für den Lehrer nicht nachvollziehbar sein, muss dieser kritisch abschätzen, ob diese in das gesamte Bewertungsergebnis mit einbezogen werden können (vgl. auch Fußnote 5).

[8]   Beispiele zu derartigen Bewertungsbögen sind dem Anhang dieser Portfolioarbeit zu entnehmen.

[9]   An dieser Stelle gilt es ebenfalls abzuschätzen, ob in der jeweiligen Lerngruppe eine derartige Hilfestellung notwendig ist (EIBE versus FOS).

[10]   Vgl. Paradies, L. / Sorrentino, W. / Greving J. u.a. *2009,* S. 13 f.

seiner erbrachten Leistung zu erhalten. Dieses Feedback sollte vom Lehrenden verständlich sowie prägnant formuliert werden, damit der Lernende die Chance hat seine erbrachte Leistung zunächst zu reflektieren und zukünftig Leistungssteigerungen zu erzielen.

Sofern bei einem Schüler also Entwicklungspotentiale bestehen, sind diese ihm aufzuzeigen und evtl. Verbesserungsstrategien zu diskutieren. Von einem ausschließliches Verdeutlichen der Fehler ist abzusehen.

Aus diesem Grund sind Bewertungsbögen zu gestalten, die Freiraum für schriftliches Feedback bieten. Ein ausschließlich durch Ankreuzen erstelltes Feedback, wie das der Bewertungsbogen I im Anhang ermöglicht, ist daher nicht zu empfehlen.

2.3 Organisatorische Aspekte

Auch wenn in dieser Portfolioarbeit der Bewertungsprozess primär im Vordergrund steht, so sind dennoch organisatorische Punkte vom Lehrenden und Lernenden zu beachten, die für das Gelingen einer Präsentation von elementarer Bedeutung sind.

Zunächst muss eine Präsentationsfläche für das Präsentationselement (Plakat, Bild, Power-Point –, Folie, etc.) zur Verfügung stehen. Zusätzlich muss im Falle der Präsentation via EDV ein Beamer von oder für die Präsentierenden bereitgestellt sein. Oftmals müssen auch Anschlussadapter (DVI [oftmals Apple] auf VGA) für die Ausgabegeräte zur Verfügung gestellt werden. Sind in der Schule bereits Computer und Beamer für die Präsentation bereitgestellt, so muss gewährleistet sein, dass Speichermedien gelesen und Präsentationsdateien auf den Geräten geöffnet werden können. Sollten die Schüler eine Präsentation mithilfe bereitgestellter Hardware präsentieren wollen, so haben sich diese über das Softwareportfolio der Maschinen zu informieren bzw. der Lehrende hat ihnen dafür notwendige Informationen bereitzustellen.[11]

Der vorstehende Absatz zeigt, dass eine besondere Form der Medienkompetenz bei Lehrern und Schülern im Falle von professionellen, ggf. mit EDV-Unterstützung gestalteten Präsentationen notwendig ist.

2.4 Durchführung der Bewertung

Während der Präsentation überlässt der Lehrende den Lernenden seinen Arbeitsplatz bzw. den Platz des Klassenraumes an dem die Präsentation stattfinden kann. Eingriffe in den Präsentationsprozess sollte der Lehrende nur dann vornehmen, wenn grobe inhaltliche Präsentationsfehler unterlaufen. Ein permanentes Eingreifen stört den Präsentationsverlauf und verunsi-

---

[11] Eine gut sortiert EDV-Abteilung einer Schule hält Listen des Softwareportfolios der einzelnen Maschinen bereit.

chert die Präsentierenden. Anerkennende Blicke, in Form von lächeln und nicken sind selbstverständlich erlaubt, um Sicherheit bei den Lernenden zu erzeugen[12]. (Kleine) Fehler sind im Anschluss an die Präsentation in Zusammenarbeit mit dem Klassenverband zu klären.

Bewertung der Präsentation eines Schülers

Präsentiert ein Schüler als Einzelner, so erfolgt dessen Bewertung auf Grundlage der auf dem Bewertungsbogen fixierten Ergebnisse und Stichpunkte. Hat ein Lernender ergänzend zu seiner Präsentationsleistung ein Handout erarbeitet so kann dieses ebenfalls in den Bewertungsprozess mit einbezogen werden. Im Anschluss an eine Präsentation ist zeitnah mit dem Lernenden ein Gespräch zu führen, indem die Präsentation gemeinsam mit ihm reflektiert wird. Anhand der Reflexion sind dem Lernenden dessen Stärken und Schwächen aufzuzeigen. Auch sind für zukünftige Präsentationen Hinweise zu geben, wie dieser seine Präsentationstechnik optimieren kann. Die Bewertung erfolgt (bzw. kann erfolgen) *„in Summe"* grundlegend anhand der Ergebnisse des Bewertungsbogens, des Handouts sowie Reflexionsgesprächs. Das Ergebnis ist dem Schüler transparent zu verdeutlichen. Als *Ergebnissicherung* sind dem Lernenden ein schriftliches Dokument zu übergeben, anhand dessen seine Leistung transparent bewertet und die Bewertung verdeutlich wird. Außerdem sollte das Dokument Hinweise zur angesprochenen Optimierung seiner Präsentationstechnik enthalten.

Ganz entscheiden für den Erfolg des Reflexionsgespräch ist neben den fachlich zu diskutierenden Inhalten die Beziehung welche der Lehrende zum Lernenden aufbaut.

Das Gespräch sollte für den Lernenden ermutigend sein, sodass dieser mit Freuden und Interesse eine weitere Präsentation vorbereitet und durchführt, daraus folgend einen Optimierungsprozess seiner (Präsentations-) Fähigkeiten durchläuft.

Bewertung der Präsentation einer Schülerarbeitsgruppe

Wird eine Präsentation in Zusammenarbeit einer Arbeitsgruppe ausgeführt, so ist zunächst für jeden Schüler einzeln dessen Arbeitsleistung zu notieren.

Mit den Schülern ist von vornherein gemeinsam festzulegen, ob jeder Einzelne der Gruppe eine Bewertung erfährt oder die Gruppe als Ganzes eine Note erhält.

Auch nach einer Gruppenpräsentation ist gemeinsam mit den Lernenden ein reflektierendes Gespräch über die Leistung zu führen. Außerdem sind Stärken und Schwächen offenzulegen und für die Zielpersonen nutzenstiftend zu diskutieren. Gruppenreflexionen bieten dem Lehrenden bei entsprechender Offenheit seinerseits die Chance, individuelle Wahrnehmungen,

---

[12]   Vgl. auch Becker, G. *2007.*

welche zu Wahrnehmungsfehler geworden sein können offenzulegen und diese ggf. durch die Gruppe zu korrigieren.

```
[Lehrender: Ich bin der Meinung, dass die Behauptung „X" nicht
ausreichend deutlich geworden ist.... .
Lernender der Gruppe: Das Thema haben wir jedoch an Stelle
„X-a" ausführlich diskutiert."]
```

Diese Chance sollte vom Lehrenden genutzt werden, damit aufgrund evtl. Wahrnehmungsfehler keine Bewertungsfehler der erbrachten Leistung erfolgt.

Sind im Vorbereitungsprozess von den Schülern zu vertretende Differenzen in der Leistungserbringung vom Lehrer beobachtet worden, welche in der Bewertung Berücksichtigung finden müssen, so besteht auch hier die Chance, diese Wahrnehmung von den Lernenden bestätigen oder ggf. korrigieren zu lassen.

Dazu schreiben die Lernenden auf Anweisung anonym eine begründete Leistungsbewertung (Note) für jedes Gruppenmitglied auf und geben diese Aufzeichnung dem Lehrenden ab. Dieser muss dann kritisch entscheiden, ob die Aufzeichnungen der Notenfindung dienlich sind oder durch utopische Leistungsbewertung eine ungerechtfertigte Steigerung oder Abschwächung der Leistung erreicht werden soll.[13]

2.5 Chance und Ausblick

Der vorstehend vorgeschlagene und von mir in der Lehrpraxis durchgeführte Bewertungsprozess bedeutet einen hohen Arbeitsaufwand für den Lehrenden. Von vornherein muss für alle Lernende eine Lern- oder Arbeitsaufgabe für die Phase des Gruppengesprächs mit der jeweiligen Präsentationsgruppe bereitstehen. Es ist also zu vermeiden, dass die Reflexionsphase zu einer nicht-lern-Phase für alle anderen Lernenden des Klassenverbandes wird.

Dem Nachteil der hohen Arbeitsbelastung steht der Vorteil einer Chance gegenüber, im vollen Umfang und im Team mit den Lernenden eine faire Leistungsbewertung durchzuführen. Der Bewertete bzw. die Bewertete Arbeitsgruppe erhält eine transparente und nachvollziehbare Aufzeichnung wie seine bzw. deren Leistung bewertet worden ist und wie diese sofern nötig verbessert werden kann.

Fühlen sich die Lernenden fair bewertet, so trägt diese Empfindung positiv zu einer guten Lehrer Schüler Beziehung bei.

---

[13] Meine bisherigen Erfahrungen zeigen, dass nahezu identische Leistungsbewertungen innerhalb einer Arbeitsgruppe erfolgen, wie diese von außen durch mich beobachtet werden konnten. Dennoch haben Lernende zumeist bessere Information darüber, wer wie gut in einer Gruppe mitgearbeitet hat.

2.6 Reflexion

Von meinen Lernenden erhielt ich das Feedback, der Bewertungsbogen sei zumeist fair und meine schriftlichen Ausführungen auf dem Bogen und dessen Rückseite weitgehend verständlich formuliert. Besonders zufrieden waren die Schüler darüber, in den Bewertungsprozess einbezogen zu werden. Die Lernenden merkten jedoch an, dass Sie sich wünschen auf einen Blick zu erfahren, wo diese stehen.

Um diesem Wunsch nachzukommen ist folgende tabellarische Form in den Bewertungsbogen eingearbeitet worden[14]:

Ihre Leistungen in diesem Bewertungsabschnitt sind		
sehr gut	zufriedenstellend	verbesserungsbedürftig

Ein optimaler Bewertungsbogen sollte genug Raum für handschriftliche Anmerkungen im jeweiligen Teilbereich lassen, außerdem den Leistungsstand auf einen Blick darstellen.

Zusammenfassend kann also festgehalten werden, dass ein guter Bewertungsbogen der die Leistungsbewertung transparent darstellt aus einer Verzahnung des Raumes für schriftliche Anmerkungen besteht und zusätzlich Ankreuzmöglichkeiten bietet. In einen fairen Bewertungsprozess sind die Lernenden mit einzubeziehen, soweit dieses aus didaktischer und pädagogischer Hinsicht vertreten werden kann.

---

[14]   Siehe Anhang letzte Seite.

Literaturverzeichnis

Becker, G. (2007). *Durchführung von Unterricht.* Weinheim: Beltz.

Gora, S. (2010). *Praktische Rhetorik: Rede- und Gesprächstechniken in der Schule* . Stuttgart: Klett.

Paradies, L., Sorrentino, W., & Greving, J. (2009). *99 Tipps - Schüler gerecht bewerten* . Berlin: Cornelsen.

Die Online-Quellen sind den jeweiligen Fußzeilen zu entnehmen.

Anhang

Anmerkung

Die im Anhang befindlichen Dokumente mussten dem Format dieser Arbeit angepasst werden. Die Bewertungsbögen sind im Original vom Platz großzügig gestaltet, sodass diese komfortabel per Handschrift ausgefüllt werden können.

Dieses betrifft jedoch nicht die letzten beiden Seiten des Anhangs, weil diese in meinem praktischen Unterricht eingesetzt werden.

St.-Ref. Dipl.-Hdl. Daniel Jäger
Rotenburg den 26.08.2010

Bitte beachten Sie, dass die im Anhang befindlichen Dokumente im Zuge der Veröffentlichung geändert worden sind. Schauen Sie bitte auf die jeweiligen Quellenangaben. Überwiegend sind dort aber direkt die Online Zugriffe aufgeführt.

Bewertungsbögen

Selbstbeobachtungsbogen zur Präsentation				
Präsentation am : von:	sehr gut	gut	sollte besser werden	muss besser werden
Begrüßung: Konnte sich der Beobachter die Namen merken, wurde klar, wer welches Thema hat und was den Adressaten erwartet				
Redezeit eingehalten?				
Inhalt und Struktur: Fachliches Niveau („Durchblick" vermittelt)				
Sachliche Richtigkeit				
Gliederung, (Teil-) Themen bzw. roter Faden leicht erkennbar?				
Schlagworte und Leitsätze aufgestellt? (Überblick blieb erhalten)				
Kooperation:				
Inhaltliche Einteilung auf die verschiedenen Personen gelungen				
Absprachen so, dass keine unnötigen Doppelerklärungen auftraten				
Überleitung, Moderation, Schluss, Zusammenarbeit abgesprochen				
Unterstützung anderer während deren Vortrag				
Erkennbarkeit als Team (z. B. Kleider machen Leute, Verhalten)				
Sprache, Körpersprache:				
Sprechweise, Lautstärke: deutlich, variabel				
Sprechtempo angemessen, gute Pausen				
Humor, Anekdoten				
(Fach-) Sprache, Wortwahl, Satzbau dem Thema angemessen, verständlich				
Freie Rede				
Haltung, Gestik, Ausstrahlung				
Blickkontakt				
Medien:				
Folien, Modelle, Bilder, Schlagwortkarten, Tabellen, Diagramme, Demonstrationen (Versuche), Rechner, Beamer sinnvoll eingesetzt				
Ende, Schlusswort:				
Sicherung der „Botschaft" beim Adressaten				
Zusammenfassung, Thesen, Abgang				
Besondere Stärken				
Besondere Verbesserungsfelder				
Wenn ich mir eine **Note** geben müsste, dann insgesamt: *Begründung der Bewertung auf Rückseite angeben (Zusatz von Daniel Jäger)*				

Bewertungsbogen I: Selbstbeobachtungsbogen zur Präsentation

Quelle und Download: http://lehrerfortbildung-
bw.de/kompetenzen/projektkompetenz/bewertung/download/25DL_Bew_Praesent_Bewertungsbogen5.doc

PRÄSENTATION AM		
GRUPPE:	NAME:	(GESAMT-) NOTE:
Thema:		
Uhrzeit:	Dauer:	Raum:

KRITERIEN	BEOBACHTUNGEN	NOTE
Inhalt (Struktur, Titel, Umfang etc.)		
STIMME/ KÖRPER/SPRACHE (Tonfall, Lautstärke, Artikulation, Mimik, Gestik, Blick etc.)		
MEDIENEINSATZ (Art, Umfang, Wirkung etc.)		
Gruppe (Auftreten, Begrüßung, Aufgabenverteilung, Zusammenwirken etc., woran jeder mitverantwortlich ist)		
Besonderes		

Bewertungsbogen II: „Beobachtungen" werden von jedem Projekt-Betreuer während der Präsentation gesammelt, die Note wird nach der Präsentation gemeinsam gefunden.

Quelle Fegert, Friedemann, Schwertfeger, Axel, Carl-Engler Schule Karlsruhe
Download unter http://lehrerfortbildung-
bw.de/kompetenzen/projektkompetenz/bewertung/download/24DL_Bew_Praesent_Bewertungsbogen4.doc

13

Schülerin / Schüler	Präsentation vom:

Gruppenthema:

Einzelanteile, die im Gruppenergebnis ihren Ausdruck finden

1. **Inhalt und Struktur:** Bewertet werden sachliche Richtigkeit und Fehler, richtige bzw. falsche Gewichtung inhaltlicher Punkte, die Strukturierung der gesamten Präsentation (motivierender Einstieg, Höhepunkt am Ende), sowie die Verbindung der einzelnen Teile. Diese Arbeit muss in Abstimmung aller Gruppenmitglieder geleistet werden und kann somit als Summe der Ergebnisse der individuellen Leistungen gesehen werden.
   Bemerkungen:

Note:

2. **Visualisierung:** Bewertet werden der Medieneinsatz (zu wenig, angemessen, zu viel), die Medienvielfalt (Folien, Plakate, Rollenspiele usw.) sowie die Schaubilder (Richtigkeit, Übersichtlichkeit, Aussagekraft usw.) Auch diese Entscheidungen werden in der Gruppe getroffen und können deshalb grundsätzlich als Summe der Ergebnisse individueller Leistungen gesehen werden.
   Bemerkungen

Note:

Einzelanteile, die ausschließlich individuell sichtbar werden

3. **Sprache:** Bewertet werden Deutlichkeit, Variation in der Betonung, Verständlichkeit in Satzbau und Wortwahl und Pausentechnik.
   Bemerkungen:

Note:

4. **Gestik / Haltung, Auftreten:** Bewertet wird, ob das Publikum angesprochen und Blickkontakt hergestellt wird und ob die Loslösung von der Vorlage gelingt (weitgehend, teilweise oder nur abgelesen). Weiter wird die Haltung des Vortragenden bewertet, die gelöst, offen, freundlich, die Aussage unterstreichen oder – im anderen Extrem – steif und blockiert sein kann. Ebenso geht in die Bewertung ein, ob das Auftreten sicher ist oder Unsicherheit ausgestrahlt wird.
   Bemerkungen:

Note:

❖   **Endnote als Mittelwert der Einzelanteile (1- 4)**

Note:

Bewertungsbogen III

Quelle: und Download:
http://lehrerfortbildung-bw.de/kompetenzen/projektkompetenz/bewertung/download/21DL_Bew_Praesent_Bewertungsbogen1.doc

Präsentation vom:

		sehr gut	++	+	0	–	– –	zu verbessern
Inhalt		sachlich richtig, angemessene Gewichtung von Haupt- und Nebenpunkten						sachliche Fehler, wichtige Punkte zu kurz, nebensächliche Punkte zu ausführlich
Struktur		klar erkennbar, zielgerichtet, hilfreich für das Publikum, roter Faden						nicht nachvollziehbar, ungeschickt, verwirrend
Rhetorik	Sprache	verständlich in Satzbau und Wortwahl, sicher im Ausdruck						unverständlich, umständlich, unsicher, unangemessen
	Sprechweise, Stimme	deutlich, angemessen in Lautstärke und Betonung, variiert						undeutlich, zu leise oder zu laut, monoton
	Sprechtempo	ausgeglichen, dynamisch, gute Pausentechnik						zu schnell, keine Pausen, stockend, Blackouts
	Stilmittel	effektvoll, dramatisch, spannend, interessant						eintönig, ohne Akzente
Körpersprache	Blickkontakt	jeder fühlt sich angesprochen, Vortrag möglichst frei						fehlt, unsicher, stur von der Vorlage abgelesen
	Gestik/ Haltung	unterstreicht die Aussage offen und freundlich, wendet sich an das Publikum						blockiert, verschlossen, abgewandt, steif, übertrieben
	Mimik	freundlich, entspannt						verkrampft
Visualisierung		aussagekräftige Schaubilder, klare Bezeichnungen, übersichtliche Tabellen						keine oder überladene Schaubilder, Tabellen ohne Aussagewert, Medieneinsatz unangemessen
Medieneinsatz		richtiger Zeitpunkt, routinierte Technik, Vorbereitung						ungeschickt, unscharfe Einstellung, nicht leserlich
Kreativität		besondere Idee, Übertragung des Inhalts in eine geschickte Form, Pointierung des Kerns						phantasielos, wenig überraschend, löst wenig Zuhörerinteresse aus
Wirkung		Werden die Betrachter erreicht?						ohne Bezug zu den Betrachtern

Bewertungsbogen VI

Quelle: AMANN, GRÄTER, NOREK, MLEJNEK, Akademie für Lehrerfortbildung Esslingen.

Download: http://lehrerfortbildung-bw.de/kompetenzen/projektkompetenz/bewertung/download/22DL_Bew_Praesent_Bewertungsbogen2.doc

Die komplette Ansicht des Bewertungsbogens finden Sie hier:

http://lehrerfortbildung-
bw.de/kompetenzen/projektkompetenz/bewertung/download/23DL_Bew_Praesent_Bewertungsbogen
3.doc

Name:	Gruppe:
Anmerkungen, Begründungen	
Note:	

http://lehrerfortbildung-
bw.de/kompetenzen/projektkompetenz/bewertung/download/23DL_Bew_Praesent_Bewertungsbogen
3.doc